VOYAGE
EN SUÈDE,

CONTENANT

DES NOTIONS ÉTENDUES

SUR LE COMMERCE, L'INDUSTRIE, L'AGRICULTURE,
LES MINES, LES SCIENCES, LES ARTS ET LA LITTÉRATURE DE CE ROYAUME;
LES MOEURS, LES COUTUMES ET LES USAGES DE SES HABITANS;

L'HISTOIRE
DE SON GOUVERNEMENT, DE SES FINANCES,
DE SA MARINE MARCHANDE,
DE SES FORCES DE TERRE ET DE MER, DE SES RESSOURCES;

LA DESCRIPTION COMPLÈTE
DE SON TERRITOIRE, TANT SOUS LE RAPPORT DE LA GÉOGRAPHIE PHYSIQUE,
QUE SOUS CELUI DE LA GÉOLOGIE ET DE L'HISTOIRE NATURELLE;

SUIVIES

De Détails sur le Gouvernement de CHARLES XIV JEAN (BERNADOTTE),
et sur les Causes qui amenèrent son élévation au trône de Suède.

Par Alexandre Daumont.

ATLAS.

PARIS,

CHEZ ARTHUS BERTRAND, LIBRAIRE,

ÉDITEUR DU VOYAGE AUTOUR DU MONDE, PAR LE CAPITAINE DUPERREY,

Rue Hautefeuille, N° 23.

ARTHUS BERTRAND, LIBRAIRE-ÉDITEUR. (Mars 1826.)

VOYAGE
AUTOUR DU MONDE,
Exécuté par ordre du Roi,

SUR LA CORVETTE DE SA MAJESTÉ, *LA COQUILLE*, PENDANT LES ANNÉES 1822, 1823, 1824 ET 1825,

SOUS LE MINISTÈRE

ET CONFORMÉMENT AUX INSTRUCTIONS DE S. EXC. M. LE MARQUIS DE CLERMONT-TONNERRE,

ET PUBLIÉ SOUS LES AUSPICES

de Son Excellence M. le Comte de Chabrol,

MINISTRE SECRÉTAIRE D'ÉTAT DE LA MARINE ET DES COLONIES;

PAR M. L.-I. DUPERREY,

CAPITAINE DE FRÉGATE, COMMANDANT DE L'EXPÉDITION.

Six volumes in-4°,

Accompagnés de quatre Atlas, formant en tout 352 planches, dont 196 coloriées, dessinées et gravées par les meilleurs artistes.

Prospectus.

La publication du Voyage autour du monde, exécuté sous le commandement de M. le capitaine de frégate L.-I. Duperrey, vient d'être ordonnée par Sa Majesté. Pour donner une juste idée de la belle entreprise qui nous est confiée, et que nous exécutons conformément aux dispositions prises par Son Excellence M. le comte de Chabrol, ministre secrétaire d'état de la marine et des colonies, nous allons présenter en détail le mode de publication qui nous a été prescrit; mais, avant tout, nous croyons devoir reproduire ici l'Itinéraire et le résumé succinct des opérations de ce Voyage, qui, selon les conclusions du rapport de l'Académie des Sciences, « mérite d'occuper un rang distingué « parmi les plus brillantes expéditions scientifiques, exécutées soit par la « marine française, soit par celle des autres nations. »

ITINÉRAIRE.

En exécution des ordres de Sa Majesté Louis XVIII, et conformément aux instructions de M. le marquis de Clermont-Tonnerre, alors ministre de la marine, la corvette *la Coquille* a été armée au port de Toulon, au commencement de l'année 1822, pour un voyage de découvertes qui avait principalement pour but le perfectionnement de la géographie et des sciences physiques et naturelles.

Le commandement de *la Coquille* fut confié au capitaine de frégate L.-I. Duperrey, qui, dans le partage des travaux projetés, se réserva la direction de toutes les observations astronomiques, physiques et géographiques. Six officiers pleins de mérite et de zèle furent désignés pour l'accompagner dans ses opérations : son collègue M. d'Urville, second de l'expédition, se chargea de la botanique et de l'entomologie ; toutes les autres branches de l'histoire naturelle constituèrent les attributions de MM. Garnot et Lesson, médecins de la marine ; M. Lejeune prit rang sur la corvette en qualité de dessinateur.

La Coquille appareilla du port de Toulon le 11 août 1822. Après dix-sept jours de traversée, elle relâcha à Ténériffe, et prit ensuite connaissance de la partie nord de l'île Saint-Antoine et des îlots de Martin-Waz et de la Trinité, dont on vérifia la position. *La Coquille* se dirigeait alors sur les îles Malouines ; mais l'intérêt que présentait une relâche sur un point de la côte du Brésil détermina M. Duperrey à la conduire au mouillage de Sainte-Catherine, où elle séjourna du 16 au 30 octobre.

Ce point est le premier de la campagne sur lequel les naturalistes et les physiciens de l'expédition ont pu se livrer aux différentes recherches qui leur avaient été indiquées par l'Académie des Sciences.

Le 18 novembre, *la Coquille* atteignit le port Louis, situé au fond de la baie française, partie orientale des îles Malouines.

Malgré les contrariétés que présente l'atmosphère dans ces parages, l'on parvint cependant à réunir un grand nombre d'observations, et notamment plusieurs séries du pendule, dont les résultats ont déja fixé l'attention des savants.

Les îles Malouines sont particulièrement remarquables sous le rapport de l'histoire naturelle, car leurs productions indigènes sont entièrement neuves pour les sciences. M. d'Urville en a complété la *Flore,* et MM. Garnot et Lesson se sont appliqués à l'étude des animaux nombreux qui vivent sur ces terres avancées des régions australes.

L'expédition mit sous voiles le 18 décembre pour doubler le cap Horn. Elle visita, sur la côte occidentale d'Amérique, le port de la Conception au Chili, celui de Callao au Pérou, et enfin le port de Payta, dont la position intermédiaire aux équateurs terrestre et magnétique était très-favorable à l'étude des mouvements diurnes de l'aiguille aimantée. Le récit des divers évènements politiques qui agitaient l'Amérique à l'époque du passage de l'expédition sera intéressant pour les lecteurs européens. Les géologues seront étonnés de trouver sur les rivages du Pérou une immense couche de terrain tertiaire analogue à celui des environs de Paris, présentant un grand nombre de coquilles fossiles, et une surface entièrement frappée de stérilité.

Le 22 mars, *la Coquille* abandonna les côtes de l'Amérique, et traversa le vaste espace de mer qui les sépare de l'archipel dangereux dans lequel elle découvrit plusieurs îles, qui reçurent les noms de Clermont-Tonnerre, d'Augier, de Freycinet, et de Lostanges.

En s'éloignant des récifs madréporiques qui forment cet archipel, nos navigateurs ont promené leurs regards sur les îles de la Société, dont l'aspect a reproduit dans leur ame ces douces émotions qu'avaient éprouvées les Bougainville et les Forster. Ils mouillèrent successivement à Taïti et à Borabora, où les missionnaires et les naturels semblaient les attendre pour mettre un terme aux privations qu'ils venaient d'éprouver dans leur dernière traversée. Ces deux relâches présentent d'autant plus d'intérêt, qu'aujourd'hui l'idolâtrie n'existe plus dans les îles de la Société, et que nos mœurs commencent à y être généralement adoptées.

Le 9 juin, l'on se dirigea vers l'ouest, en prenant successivement connaissance des îles Salvage, Eoa, Santa-Cruz, Bougainville et Bouka, et l'on jeta l'ancre, le 12 août, dans le port Praslin de la Nouvelle-Irlande, où les relations amicales que l'on eut avec les naturels permettent d'ajouter encore quelques traits singuliers à l'histoire de l'homme.

L'expédition traversa le canal Saint-Georges, communiqua avec les naturels de l'île d'York et de la Nouvelle-Bretagne, refit la géographie des îles anciennement découvertes par Schouten au nord-est de la Nouvelle-Guinée, et mouilla, le 6 septembre, dans le havre d'Offak sur la côte nord-ouest de Waigiou, l'une des îles des Papous.

Il était intéressant pour la géographie de constater l'existence d'une baie méridionale qui n'est séparée d'Offak que par un isthme très-étroit; les excursions de MM. d'Urville et de Blosseville ont complétement rempli cet objet; et MM. Bérard, Lottin et de Blois ont été chargés de lier ce travail à celui que M. Duperrey avait déja eu l'occasion de faire sur cette côte dans la campagne de *l'Uranie.* On conçoit que l'histoire naturelle dut s'enrichir dans ces contrées, où la nature semble étaler avec complaisance ses plus brillantes créations, et semer les couleurs les plus vives et les plus éclatantes sur les êtres les plus faibles, et les moins bien organisés en apparence.

Le 16, *la Coquille* mit sous voiles; et le 17, elle prolongea la partie nord des îles comprises entre Een et Yang. Continuant sa route, l'expédition fit une courte relâche à Cajeli, et se rendit à Amboine, où elle reçut de la part de M. Merkus, gouverneur des Moluques, l'accueil le plus honorable et tous les secours dont elle avait besoin.

Elle remit sous voiles, le 27 octobre, et se dirigea sur Timor en passant à l'ouest des îles Turtles et Lucepara. Le 4 novembre, la position de l'île du Volcan fut déterminée; le 11, on aperçut les îles Wetter, Babi, Dog et Gambing; et le 15, la corvette donna dans le détroit d'Ombay, en prenant un grand nombre de relèvements sur la longue chaîne d'îles qui, de Panter et d'Ombay, se dirige vers Java.

Les vents contraires ne permirent pas de ranger la côte occidentale de la Nouvelle-Hollande, comme M. Duperrey en avait eu le projet; ce ne fut que le 10 janvier 1824 qu'il doubla les terres de Van-Diemen. Pendant la nuit du 16, on aperçut le phare de Port-Jackson; et le 17, la corvette fut amarrée dans Sydney-Cove, où elle effectua le remplacement de ses vivres de campagne qui étaient presque entièrement consommés. Le général Brisbane, gouverneur de la Nouvelle-Galles, accueillit avec empressement les officiers de l'expédition, et les aida dans toutes leurs recherches.

L'expédition quitta Sydney le 20 mars, et mouilla dans la baie de Manawa au fond de la baie des Iles. Indépendamment des observations de physique, de géographie et des recherches d'histoire naturelle qui furent faites ici, les rapports fréquents que l'on eut avec les indigènes ont fourni à l'expédition des documents curieux sur l'état permanent d'hostilité, sur les mœurs et les idées religieuses d'un peuple que les missionnaires ne sont pas encore parvenus à soustraire à l'anthropophagie. En remontant vers la ligne, l'on communiqua avec les naturels de Rotoumah, île solitaire et peuplée par une race douce et hospitalière.

L'on fit aussi la reconnaissance des îles Cocal et Saint-Augustin, d'où l'on entreprit l'exploration des Mulgraves et des Carolines.

Dans les Mulgraves, qui furent parcourues du 15 au 29 mai, *la Coquille* n'a cessé de prolonger des récifs, parmi lesquels M. Duperrey constate la position des King's Mill, Hopper, Wood, Henderville, Hall, Knox, Gilbert, Mathews, le groupe des Mulgraves et l'île Benham, dont il a dressé une carte générale, fondée sur les plans particuliers levés sous sa direction par ses collaborateurs.

Dans les Carolines, les reconnaissances ne sont pas moins nombreuses: nous citons particulièrement l'île Oualan, le groupe des îles Mongoul, Ougay et Aoura, celui de Pélélap, et enfin le groupe d'Hogoleu, sur lequel nous n'avions encore que les indications données au P. Cantova par quelques naturels naufragés en 1731 sur l'île de Guam. L'on reçut fréquemment à bord les divers peuples des longues chaînes d'îles semées sur cette portion du globe.

L'île d'Oualan, remarquable par son aspect et par l'urbanité de ses habitants, vit pour la première fois un bâtiment européen dans ses ports. Du 5 au 15 juin que dura la relâche, et pendant que les observations d'astronomie et de physique se poursuivaient avec activité, les naturalistes et les géographes parcouraient l'île dans tous les sens pour en examiner jusques aux moindres détails, et l'on recueillait en même temps, sur les insulaires, tout ce qui devait fixer l'attention des moralistes.

La mousson d'ouest s'étant prononcée vers l'extrémité occidentale des Carolines, M. Duperrey vint explorer une partie de la côte nord de la Nouvelle-Guinée. Sa relâche au havre de Dorery, importante sous les rapports de la géographie et de l'histoire naturelle, eut lieu du 26 juillet au 9 août. Après avoir de nouveau traversé les Moluques, et fait une relâche à Sourabaya, il arriva le 3o aux îles de France et de Bourbon.

Il quitta ces îles le 23 novembre, mouilla successivement à Sainte-Hélène et à l'Ascension, où tous les genres d'observations furent renouvelés, et arriva enfin à Marseille, le 24 mars 1825, ayant accompli un voyage de circumnavigation qui a duré trente et un mois treize jours, et pendant lequel la corvette a parcouru plus de vingt-cinq mille lieues.

Pendant cette longue et périlleuse campagne, les observations relatives au but de la mission ont été suivies par le capitaine Duperrey et les officiers de *la Coquille* avec un zèle infatigable. Un grand nombre de plans et de cartes ont été dressés avec un soin digne des plus grands éloges; des collections appartenant aux trois règnes de la nature, aussi intéressantes par la quantité que par le choix et la nouveauté, ont été recueillies avec beaucoup de discernement; conservées avec soin et enrichies d'observations précieuses, elles sont venues ajouter aux richesses que possède déja le jardin du Roi.

Une commission a été chargée, par l'Académie royale des Sciences, d'examiner et d'apprécier les résultats de la campagne de ce bâtiment.

MM. le baron Cuvier et Arago, organes de cette commission, ont fait connaître toute l'utilité que la science retire du voyage de *la Coquille,* et ont payé un honorable tribut d'éloges aux connaissances dont ont fait particulièrement preuve M. le capitaine Duperrey, M. d'Urville, son second, les autres officiers de l'état-major, ainsi que MM. Garnot et Lesson, médecins de la marine.

HISTOIRE DU VOYAGE.

L'histoire du Voyage présente d'autant plus d'intérêt, que nos navigateurs ont successivement visité les deux côtés opposés de l'Amérique méridionale à une époque où les gouvernements de ces contrées prenaient une nouvelle attitude; que, plus loin, ils se sont procuré des renseignements curieux sur l'état actuel de la Nouvelle-Hollande, des Moluques, sur la situation des missionnaires anglais dans les îles de la Société, et à la Nouvelle-Zélande; mais ce qui lui donne un charme particulier, c'est l'état physique et moral de l'homme sauvage, qu'ils ont étudié dans leurs fréquentes communications avec les peuplades disséminées sur les îles du grand Océan.

C'est dans cette division de l'ouvrage qu'ont été placés les vocabulaires des langues recueillies par M. Duperrey. Ces vocabulaires, qui sont très-nombreux, exciteront au plus haut degré la curiosité des personnes qui cherchent à retrouver comment la migration des peuples s'est opérée dans la vaste étendue de la mer du Sud. On a également joint à cette partie la description physique des lieux qui ont été visités, celle de leurs diverses productions, et des renseignements curieux sur l'état du commerce et de l'industrie de leurs habitants. Cette partie du Voyage, qui aura deux volumes, sera accompagnée d'un atlas de 36 planches coloriées. Les portraits, les paysages et les vues, sont extraits des cartons de M. Lejeune; les costumes, ustensiles, armes, etc., etc., dont les naturels font usage, ayant été apportés à Paris, seront dessinés par M. Chazal.

HYDROGRAPHIE ET NAVIGATION.

Le texte de la partie hydrographique comprend la description des lieux visités dans leur rapport avec la navigation; l'analyse des observations astronomiques, celle des plans et des cartes dressés pendant la campagne, et le résultat des observations des marées.

L'atlas, auquel tous les officiers ont participé, sous la direction du commandant de l'expédition, se compose de 52 cartes nouvelles, dont 12 format grand-colombier, et 40 demi-colombier. On a joint à cet atlas 4 planches demi-colombier, représentant les pirogues dont se servent les habitants des nombreux archipels de la mer du Sud. Ce travail, dû aux talents de M. Bérard, est complet en son genre, et fournit plus d'une occasion d'admirer à quel point le besoin et une longue expérience suppléent aux connaissances scientifiques. Quelle distance, en effet, de la grossière pirogue d'écorce d'arbres des habitants des terres australes, aux *pros* élégants et fins voiliers des insulaires des

Carolines ! Quel art déployé déja dans l'architecture des pirogues zélandaises !
et quelle ignorance chez l'habitant du port du Roi Georges, qui navigue sur
un tronc d'arbre !

PHYSIQUE.

La partie physique, dont M. Duperrey et ses collaborateurs se sont occupés
avec une attention digne des éloges de l'Académie des Sciences, contient :

1° Les observations relatives à la détermination de la figure de la terre,
faites, avec deux pendules invariables, à Paris avant et après le retour de
l'expédition ; à Toulon, aux îles Malouines, au port Jackson, aux îles de
France et de l'Ascension ;

2° Les observations magnétiques faites à la mer, comme dans toutes les
relâches, et principalement dans le voisinage de la ligne sans inclinaison;

3° Les observations météorologiques, comprenant l'état de l'atmosphère,
sa température, sa pression, et la température de la mer, faites de 6 heures
en 6 heures à la mer, et de 15 minutes en 15 minutes à Payta et à Waigiou
sous l'équateur terrestre ; à l'île de France, à Sainte-Hélène et à l'Ascension
entre les tropiques ;

4° Enfin, quelques observations de la transparence de la mer.

L'histoire du Voyage, et l'analyse des observations hydrographiques et
physiques, ont été rédigées par M. le capitaine Duperrey.

ZOOLOGIE.

Il résulte du rapport que M. le baron Cuvier a fait à l'Académie des
Sciences, sur les collections, les dessins et les manuscrits zoologiques du
Voyage de *la Coquille,* que cette expédition a rendu les plus grands ser-
vices aux sciences naturelles, en les enrichissant d'un grand nombre d'espèces
remarquables et curieuses, des divers points du globe que nos voyageurs
ont visités.

L'ichtyologie et l'histoire des zoophytes recevront particulièrement un notable
accroissement ; les figures en couleur, qui ont été dessinées sur les lieux par un
des auteurs de la zoologie, auront l'avantage précieux de faire connaître ces
êtres avec leurs véritables attributs. Les mollusques surtout, ces animaux nombreux qui peuplent la solitude des mers, et dont la forme fugace échappe à
tous les moyens de conservation, réclament impérieusement le secours de la
peinture; aussi leur étude a-t-elle été très-négligée jusques à l'époque de Péron,
de Langdorff, de Quoy et Gaimard. Sans entrer dans de nombreux détails
que le rapport de M. Cuvier fait avantageusement connaître, il nous suffira de

dire que les descriptions comprendront sept quadrupèdes, plusieurs cétacées, environ soixante-dix oiseaux, quinze ou vingt reptiles, près de quatre-vingt-dix poissons, cent vingt mollusques et zoophytes, divers crustacés et polypiers flexibles. Les observations qui appartiennent à la géologie feront partie du tableau général de chaque pays. M. Lesson, auquel on devra uniquement ce travail, a recueilli dans les diverses relâches 330 échantillons de roches, qui complètent les données que nous possédions déja sur plusieurs parties des contrées parcourues par l'expédition, et qui nous fournissent des documents nombreux et importants sur plusieurs points du globe qui n'avaient pas encore été explorés.

Cette division de l'ouvrage sera précédée d'observations générales sur les peuples de l'Océanie, travail intéressant, présenté sous un nouveau jour. Des examens rapides et généraux sur les êtres déja connus qui vivent sur telle ou telle partie du globe que l'expédition a visitée précéderont la description des espèces nouvelles, en même temps qu'on y joindra plusieurs mémoires destinés à éclaircir quelques-unes des grandes questions de géographie physique et naturelle, telles que la formation des îles de corail, la distribution géographique de certains animaux, etc., etc. La partie zoologique se composera de 2 volumes de texte, et d'un atlas de 145 planches coloriées : 50 planches seront consacrées aux mammifères et aux oiseaux, 5 aux reptiles, 35 aux poissons, 8 aux mollusques, 20 aux insectes, 4 aux crustacés, 3 aux polypiers, et 20 aux zoophytes.

M. d'Urville, qui devait s'occuper des *Insectes,* ayant été appelé à commander une autre expédition, a prié M. Latreille de s'en charger; mais la mauvaise santé de ce savant ne lui permettant pas de se livrer à ce travail, il l'a confié, de concert avec M. d'Urville, à M. Guérin, son élève, l'un des collaborateurs du Dictionnaire d'Histoire naturelle et de l'Encyclopédie méthodique, auteur de plusieurs mémoires d'entomologie, etc. M. Latreille a bien voulu promettre de diriger ce naturaliste dans son travail, et de l'aider de ses conseils.

Les descriptions des animaux qui composeront la Zoologie du Voyage de *la Coquille* seront rédigées par MM. Lesson, pharmacien de première classe, correspondant de l'Académie royale de Médecine, etc., et Garnot, docteur en médecine, chirurgien de première classe.

BOTANIQUE.

M. d'Urville, second de l'expédition, a dirigé cette branche importante des sciences durant le voyage. Les régions humides des Malouines, la silla brûlante de Payta, les îles de Taïti et de Borabora, les plaines de Bathurst au-delà des montagnes Bleues, l'archipel des Carolines, etc., sont devenus successivement l'objet de ses explorations. L'herbier qu'il a rapporté se compose de près de 3,ooo espèces. Sur ce nombre on estime qu'il y en a au moins 4oo nouvelles. Plusieurs autres, quoique déja connues, sont rares, et ne se trouvent pas dans les collections du Muséum d'Histoire naturelle. M. d'Urville ne s'est pas contenté de recueillir les plantes qui s'offraient à ses regards, il les a analysées et décrites avec soin. Celles dont les organes trop délicats n'auraient pas pu être conservés ont été dessinées sur les lieux par M. Lesson. M. d'Urville devait naturellement se réserver la publication des nombreuses découvertes dont il a enrichi nos collections botaniques; mais, ayant obtenu le commandement d'une expédition nouvelle, il s'est vu dans la nécessité de confier à d'autres naturalistes le soin de publier les résultats de son premier voyage. Pour accélérer ce travail, il a divisé sa riche collection en deux parties : celle des plantes terrestres ou *aérophytes,* et celle des plantes marines ou *hydrophytes.*

M. le colonel Bory de Saint-Vincent, correspondant de l'Académie des Sciences de l'Institut de France, ayant depuis long-temps fait une étude approfondie des végétaux marins, l'une des branches les plus obscures et les plus difficiles de la botanique, a été chargé de cette importante partie de la cryptogamie. La publication de la phanérogamie et du reste de la cryptogamie a été confiée à M. Adolphe Brongniart, membre de la société Philomathique, et de la Société de l'Histoire naturelle de Paris. Le nombre considérable de plantes cryptogames ou phanérogames recueillies par M. d'Urville ne permettra pas de donner des descriptions complètes de toutes ces espèces. Les plantes nouvelles, ou celles dont l'organisation ne serait pas encore connue avec exactitude, seront seules décrites avec détail; mais des énumérations complètes des espèces récoltées dans chaque station donneront une idée des collections botaniques rapportées par l'expédition, et fourniront de nouveaux matériaux à la géographie botanique.

Un choix sévère a été fait parmi toutes ces richesses, et l'on ne publiera rien de ce qui ne pourrait pas intéresser vivement les savants, et étendre le domaine de la science.

La partie *Botanique* se composera d'un volume de texte, et d'un atlas de 115 planches dessinées par M. Bessa, peintre de S. A. R. Madame, Duchesse de Berry, et du Muséum d'Histoire naturelle.

Exécution de l'Ouvrage.

L'atlas de la partie historique, dessiné par MM. Chazal et Lejeune, et celui de la partie hydrographique et nautique, seront gravés par M. Ambroise Tardieu, sous la surveillance immédiate du Commandant de l'expédition.

Les planches de la zoologie et de la botanique seront dessinées par MM. Bessa, Bevallet, Guérin, Meunier, Prêtre, Prévost (Alphonse), Vauthier, et gravées par M. Coutant.

Le texte, grand in-4°, sera imprimé par MM. Firmin Didot père et fils, avec des caractères neufs, fondus exprès, sur papier grand-raisin superfin des Vosges, satiné. Les planches seront tirées par M. Rémond, déja avantageusement connu par plusieurs grands ouvrages sortis de ses ateliers, sur 1/4 de grand-aigle vélin superfin. Enfin, rien ne sera négligé pour que l'exécution entière de ce Voyage réponde à l'importance de son objet, à la protection que le gouvernement lui a accordée, et à l'attente des savants et des amateurs.

La publication n'éprouvera aucun retard, les mesures nécessaires étant prises pour que les livraisons se succèdent avec célérité, sans toutefois nuire à leur exécution.

Ordre de publication.

La partie *Zoologique* (2 volumes in-4° avec un atlas de 145 planches coloriées), rédigée par MM. Garnot et Lesson, médecins de la marine et naturalistes de l'expédition, sera publiée la première. Elle aura 25 livraisons. Il en paraîtra une par mois. Chaque livraison sera composée de 6 planches in-folio et de plusieurs feuilles de texte. C'est dans cette division du Voyage qu'on a placé les remarques relatives à la *Géologie*.

La partie *Botanique* (1 volume in-4° avec un atlas de 115 planches, dont 15 coloriées), rédigée par MM. Bory de Saint-Vincent et Adolphe Brongniart, sur les matériaux recueillis par M. d'Urville, botaniste de l'expédition, suivra immédiatement. Elle sera divisée en 15 livraisons qui paraîtront tous les mois. Chaque livraison sera composée de 8 planches accompagnées de leur texte explicatif.

L'Histoire du Voyage (2 volumes in-4° avec un atlas de 36 planches coloriées), à laquelle on a joint les vocabulaires des langues des Sauvages, sera publiée concurremment avec la partie *Zoologique*. Elle formera 10 livraisons, composées chacune de 10 à 12 feuilles de texte et de plusieurs planches. Il paraîtra une livraison par mois.

La partie *Hydrographique, Nautique et Physique* (1 volume in-4° avec un atlas de 56 planches format colombier) paraîtra dans le courant de l'année 1827. Elle sera divisée en 10 livraisons, contenant chacune 5 à 6 planches et plusieurs feuilles de texte.

Conditions de la Souscription.

La première livraison paraîtra le premier juillet 1826.

Le prix de chaque livraison, texte et planches satinés, avec couverture imprimée, sera, pour les personnes qui souscriront à l'ouvrage entier, avec ou sans la partie *Hydrographique, Nautique et Physique*, de. . . . . 12 francs.

Il sera tiré un petit nombre d'exemplaires sur papier vélin satiné, avec les planches sur papier de Chine, pour celles qui seront susceptibles de l'être ; prix de chaque livraison satinée, pour les mêmes souscripteurs. . . . . 24 francs.

Enfin, sur papier vélin, tiré à quinze exemplaires seulement, et qui seront numérotés, doubles figures, noires et coloriées, avant et avec la lettre ; les figures noires tirées sur papier de Chine ; prix de chaque livraison satinée, pour les mêmes souscripteurs. . . . . 30 francs.

Secondes Conditions de la Souscription.

On pourra souscrire aussi, ensemble ou séparément, à chacune des trois divisions de l'ouvrage ; prix de chaque livraison :

Sur papier grand-raisin superfin des Vosges satiné. . . . . . 14 francs.

———————— grand-raisin vélin satiné. 28

———————— grand-raisin vélin, doubles figures, satiné 36

Conditions de la Souscription

Pour la partie hydrographique, nautique et physique.

Nous avons cru devoir ouvrir une souscription particulière pour cette partie toute scientifique, et donner aux personnes qui souscriront aux trois autres divisions de l'ouvrage la faculté de la prendre ou de la laisser. Cette partie sera publiée en 10 livraisons ; prix de chaque livraison :

Sur papier grand-raisin superfin des Vosges satiné. . . . . . . 12 francs.

———————— grand-raisin vélin satiné. 24

Conditions pour les non-Souscripteurs.

La souscription sera fermée le 1er janvier 1827. Les personnes qui n'auraient pas souscrit avant cette époque paieront les livraisons ainsi qu'il suit :

Si l'on se fait inscrire pour les parties *Zoologique*, *Botanique* et *Historique*, chaque livraison se paiera :

    Sur papier grand-raisin superfin des Vosges satiné . . . . . . 13 francs.

    ———— grand-raisin vélin satiné 25

    ———— grand-raisin vélin, doubles figures, satiné 31

Si l'on ne souscrit que pour l'une ou l'autre de ces mêmes parties, le prix de chaque livraison sera de :

    Sur papier grand-raisin superfin des Vosges satiné. . . . . . 15 francs.

    ———— grand-raisin vélin satiné. 30

    ———— grand-raisin vélin, doubles figures, satiné 36

Enfin, chaque livraison de la partie *Hydrographique*, *Nautique et Physique* sera augmentée de 2 francs pour le grand-raisin superfin, et de 4 francs pour le grand-raisin vélin.

N. B. On peut souscrire pour l'exemplaire *unique* des parties *Zoologique* et *Botanique*, texte grand in-folio, imprimé sur grand-raisin vélin, auquel on joindra les 260 dessins originaux, les épreuves avant la lettre en noir, tirées sur papier de Chine, et celles avec la lettre, figures coloriées, formant en tout une collection de 780 dessins originaux ou planches. Le texte, les dessins et les planches seront de même format.

On Souscrit, sans rien payer d'avance,

A PARIS,

CHEZ ARTHUS BERTRAND, LIBRAIRE-ÉDITEUR,

RUE HAUTEFEUILLE, N° 23;

ET CHEZ LES PRINCIPAUX LIBRAIRES DE FRANCE ET DE L'ÉTRANGER.

Les lettres, demandes, etc., doivent être affranchies et adressées directement au LIBRAIRE-ÉDITEUR.

IMPRIMERIE DE FIRMIN DIDOT, IMPRIMEUR DU ROI, RUE JACOB, N° 24.

ATLAS.

EXPLICATION DES PLANCHES.

Carte de Suède.

Vue prise près de Jœnkœping.

Vue de Stockholm.

Vue de Rosendal.

Vue prise près de Drottningholm.

Ornœs : Vue de la maison d'Arendt Pehrson.

Falün : Vue de l'ouverture de la mine écroulée en février 1833.

Leksand : Costumes Dalécarliens.

Wœrend : Costumes Smolandais.

Wexiœ.

Vue prise près de Solfvitsborg.

Longitude du Méridien de Paris.
DANEMARK
SKAGER RACK
OCÉAN GLACIAL ARCTIQUE
MER BALTIQUE
ILES FÆRO
OCÉAN ATLANTIQUE
GOLFE DE BOTHNIE
GOLFE DE FINLANDE
MER DU NORD
Carte
DE LA MONARCHIE
SUÉDOISE
OU ROYAUME
DE DANEMARK
Par J. Andriveau
Pour servir au Voyage en Suède
de M. Daumont
Publié par Arthus Bertrand
1839
ISLANDE
Cercle Polaire Arctique

VUE PRISE PRÈS DE JŒNKŒPING.

d'après l'esquisse de Mr Alex.Daumont.

Paris publié par Arth... Bertrand.

E. Tudot Lith. Lith. de Lemercier.

VUE DE STOCKHOLM.

Publié par Arthus Bertrand à Paris.

Tudot lith.

Lith. de Lemercier

VUE DE ROSENDAL.

VUE PRISE PRÈS DE DROTTNINGHOLM.

Lith. de Lemercier

Publié par Arthus Bertrand À Paris.

Tudot del.

Lith. de Lemercier

ORNCES. Vue de la Maison d'Arendt Pehrson.

d'après Mr. Forssell de Stockholm.

Paris, publié par Arthus Bertrand

FALUN. *Vue de l'ouverture de la Mine, écroulée en Février 1833.*
d'après Mr Forssell de Stockholm.

Paris publié par Arthus-Bertrand

LEKSAND. *Costumes Dalécarliens.*
d'après Mʳ Forssell de Stockholm.

Paris publié par Arthus Bertrand.

WŒREND. *Costumes Smolandais.*

d'après Mr Forssell de Stockholm.

Paris, publié par Arthus Bertrand.

WEXIŒ.

d'après l'esquisse de Mʳ Alex Daumont.

Paris publié par Arthus Bertrand.

VUE PRISE PRÈS DE SOLFVITSBORG .

Publié par Arthus Bertrand à Paris

www.ingramcontent.com/pod-product-compliance
Lightning Source LLC
LaVergne TN
LVHW020008180726
843503LV00008B/3859